ESPEJOS DEL TIEMPO

ESPEJOS DEL TIEMPO

Utilizar la regresión para la curación física

Brian L. Weiss

VERGARA
GRUPO ZETA **Z**

Barcelona · Bogotá · Buenos Aires · Caracas · Madrid · México D.F. · Montevideo · Quito · Santiago de Chile

Título original: *Mirrors of Time*

Traducción: Victoria Morera

1.ª edición: abril 2003

Diseño: Estudio Ediciones B / Josep M. Maya

© 2002 by Brian Weiss
© Ediciones B, S.A., 2003
     para el sello Javier Vergara Editor
     Bailén, 84 - 08009 Barcelona (España)
     www.edicionesb.com
     www.edicionesb-america.com

ISBN: 84-666-1144-4

Impreso en los Talleres de Quebecor World

Índice

Introducción

Durante los últimos veinte años, he utilizado las técnicas de la meditación y la regresión con miles de pacientes para aliviar sus trastornos físicos y psicológicos. En mis anteriores libros, he documentado con profusión los beneficios de la meditación, la visualización curativa y la regresión.

Además, mis CD han ayudado a muchas personas a alcanzar estados de tranquilidad y paz interiores.

Espejos del tiempo le permitirá avanzar en el proceso. Gracias al CD incluido en esta obra, podrá experimentar las mismas técnicas de regresión que utilizo con mis pacientes. Ahora puede retroceder en el tiempo y recordar sucesos pasados que son la causa de los síntomas o dificultades que experimenta en la actualidad. A medida que recuerde esos sucesos, los síntomas que experimenta en la actualidad irán atenuándose y una intensa sensación de paz y bienestar le invadirá. A veces, revivirá incidentes de la infancia o de su etapa en el útero materno. Sin embargo, si siente que necesita revivir experiencias de sus existencias pasadas para resolver los problemas de su vida actual, también podrá recordarlas si practica los ejercicios del CD adjunto.

Los beneficios de la terapia de la regresión se extienden mucho más allá de la mejora de la sintomatología que experimentamos. La curación con frecuencia tiene lugar en todos los aspectos del ser, incluido el físico, el emocional y el espiritual. Casi todos mis pacientes practican los ejercicios de meditación y/o regresión entre visita y visita y, cuanto más practican, más profundo y rápido es el estado de concentración que alcanzan. Los ejercicios incluidos en el CD son muy seguros y miles de personas los han utilizado a lo largo de los años. Sin embargo, es sumamente importante tener paciencia si no experimenta resultados inmediatos.

La práctica regular de los ejercicios mejora la salud física y emocional y abre nuevos horizontes espirituales que confieren a la vida un nuevo significado.

Espero que la práctica de estos ejercicios le permita experimentar más alegría, paz y amor en su vida.

PRIMERA PARTE

Regresión

Capítulo I

Curar el cuerpo, tocar el alma

En 1992, y a fin de documentar con más detalle la importancia y la eficacia de la terapia de la regresión, escribí *A través del tiempo*. Por entonces ya había ayudado a cientos de pacientes a recordar sucesos de su infancia y vidas pasadas. Este proceso a menudo había conducido a una rápida y espectacular mejora clínica de sus síntomas. Desde entonces, el número de pacientes que he tratado ha superado la cifra de tres mil, y también he dirigido talleres y seminarios en numerosos países. Muchos de los asistentes a esos talleres también han experimentado una mejora de sus síntomas a medida que recordaban sucesos de sus vidas pasadas.

También he escrito otro libro, *La meditación: Cómo lograr la tranquilidad y la paz interior en su vida*, que explica la forma de utilizar la meditación para conseguir la curación física y una relajación profunda.

De todos modos, en *Espejos del tiempo* quiero centrarme de un modo específico en los ejercicios de regresión.

La eficacia de la terapia de la regresión para aliviar síntomas, como los miedos y las fobias, que se originaron en encarnaciones anteriores ha quedado sobradamente demostrada a lo largo de los años. Sin embargo, en el desarrollo de mi trabajo, he descubierto que esta terapia produce otro tipo de beneficios, tanto en los pacientes que acuden a mi consulta como en los que utilizan los CD. Al principio, grabé los ejercicios para que mis pacientes pudieran seguir desarrollando la capacidad de concentración en su casa y accedieran a los recuerdos del subconsciente entre las distintas sesiones terapéuticas. Con el tiempo, me he dado cuenta de que, cuanto más practican, con mayor rapidez alcanzan estados profundos de relajación y concentración en las sesiones individuales que realizamos en mi consulta.

Por otra parte, he descubierto que la práctica

regular de los ejercicios de regresión puede liberar energías de nuestro interior de las que, en general, no somos conscientes. Deseo hacer hincapié en estos beneficios adicionales y animarle a adquirir una práctica que potenciará su salud física y emocional, al tiempo que amplía sus experiencias espirituales aportando, de este modo, un significado nuevo y profundo a su vida.

Muchas personas me han formulado preguntas relacionadas con la práctica de la terapia de la regresión. Los capítulos siguientes están pensados para resolver cualquier duda que tenga respecto a dicha terapia, la reencarnación, la hipnosis y los riesgos que entraña la práctica individual de los ejercicios de la regresión. De este modo, podrá obtener el beneficio íntegro de la meditación de la regresión. Cuando eliminamos los obstáculos y las interferencias que distraen nuestra atención, no sólo mejoran los síntomas físicos y emocionales que padecemos, sino que también desaparecen las barreras que nos impiden alcanzar la felicidad y la paz interiores.

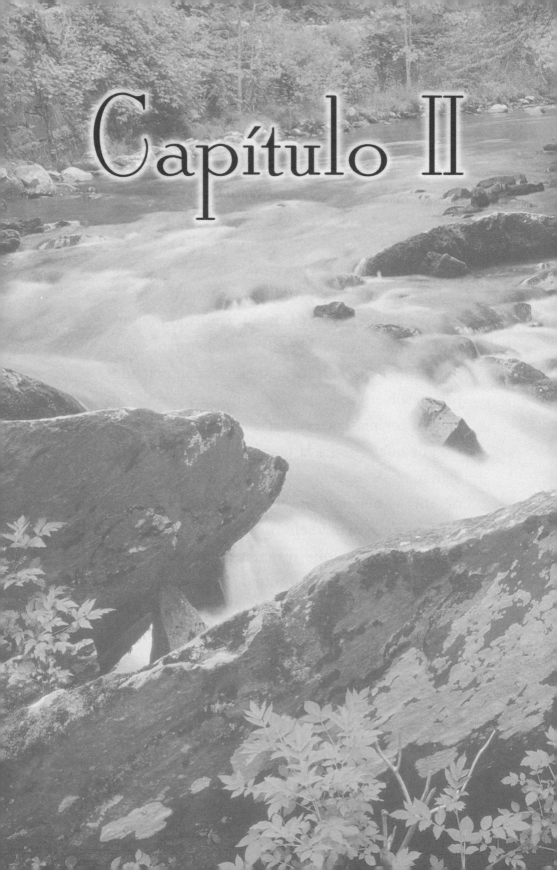

Capítulo II

Mis comienzos

Si ésta es la primera vez que lee uno de mis libros, creo que debería explicarle ciertos datos de mi trayectoria profesional y el modo en que evolucioné desde el escepticismo a una actitud más abierta. En el libro *Muchas vidas, muchos maestros* describo con detalle este proceso, pero a continuación le ofrezco un breve resumen.

Me gradué en la Universidad de Columbia y me licencié en la facultad de Medicina de la Universidad de Yale, donde también realicé mis prácticas como residente en Psiquiatría. He enseñado en varias facultades de Medicina de gran prestigio y he publicado más de cuarenta estudios científicos, la mayoría sobre la psicofarmacología y los trastornos del sueño. Mientras era director del Departamento de Psiquiatría del Centro Médico Mount Sinai, un hospital universitario afiliado a la Universidad de Miami, viví una experiencia que cambió por completo mi visión de la vida. En aquella época, era un psiquiatra de formación académica y sumamente escéptico respecto a lo que consideraba las «áreas no científicas». No sabía nada sobre la reencarnación ni sentía ningún interés por ella.

Entonces, empecé a tratar a Catherine, una mujer de casi treinta años que sufría depresión, fobias y ataques de pánico. Después de un año de psicoterapia convencional, no había obtenido ningún resultado, por lo que decidí probar con la hipnosis. Pensé que si Catherine revivía los traumas reprimidos de la infancia, comprendería los síntomas que experimentaba en aquel momento. Sin embargo, a pesar de rememorar varios incidentes traumáticos de su pasado, no mejoró. Seguí utilizando la hipnosis y buscando traumas de su infancia más temprana. Le indiqué que regresara al momento y los acontecimientos que habían provocado sus fobias. Para mi total sorpresa, se trasladó unos cuatro mil años atrás, a una vida anterior en Oriente Medio.

Catherine describió sus experiencias con gran

profusión de detalles sobre el entorno y relató sucesos de un marcado carácter emocional. Al principio, creí que sus recuerdos eran meras fantasías, pero Catherine empezó a mejorar después de aquella sesión y, al final, después de recordar más vidas pasadas gracias a la hipnosis, todos sus síntomas desaparecieron. Al cabo de unos meses, Catherine estaba totalmente curada, y sin utilizar ninguna medicación.

Los sucesos ocurridos con Catherine y otros pacientes provocaron un cambio radical en mi vida. Aunque todavía me sentía algo escéptico, busqué en bibliotecas y librerías médicas alguna obra que hablara de fenómenos similares. Encontré buenos trabajos de investigación, como el llevado a cabo por el doctor Ian Stevenson, director del Departamento de Psiquiatría de la Universidad de Virginia. El doctor Stevenson escribió acerca de niños que recordaban detalles de sus vidas pasadas. Estos informes fueron posteriormente ratificados por rigurosas investigaciones. Estoy convencido de que existen muchos profesionales médicos que se resisten a hacer públicos sus descubrimientos porque temen perder su credibilidad. Yo también viví un proceso similar. Tardé cinco años en escribir acerca de mis experiencias con Catherine. No quería perjudicar la reputación que me había labrado con tanto esfuerzo a lo largo de los años de formación y ejercicio profesional.

En la actualidad, no tengo ninguna duda de que la terapia de la regresión a vidas pasadas constituye un medio rápido y efectivo de resolver problemas físicos y emocionales, además de ofrecer muchos otros beneficios. Miles de pacientes cuyos síntomas han mejorado y cuyos miedos y pesares han disminuido avalan el poder de esta técnica terapéutica.

Capítulo III

Los beneficios de la regresión

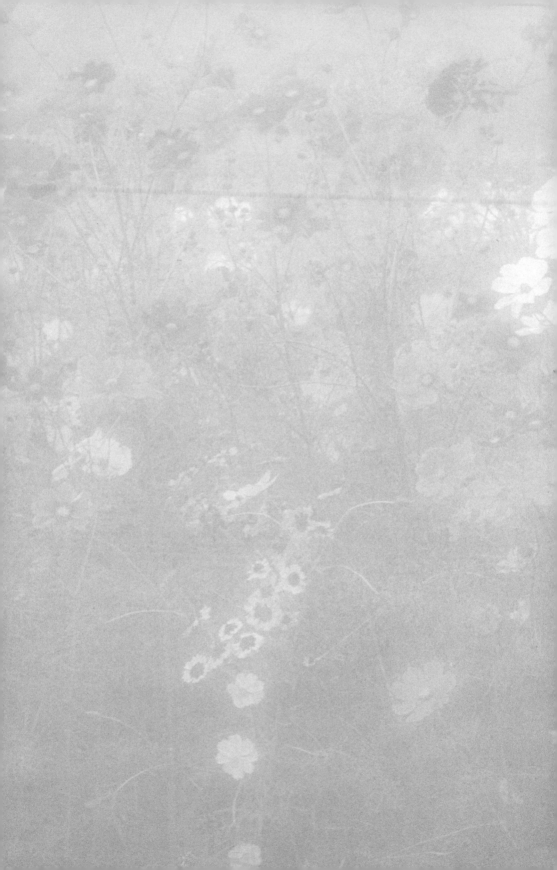

El viaje espiritual es interior y exclusivo para cada persona. Los maestros pueden indicar el camino, pero cada uno debe emprenderlo solo. Avanzamos a nuestro propio ritmo y no existe ningún calendario ni fecha fija para alcanzar la iluminación.

La regresión a sucesos significativos de la infancia, la juventud o incluso a vidas pasadas puede proporcionarnos muchos beneficios y consuelo en la vida actual. A veces, por el mero hecho de recordar, los síntomas desaparecen. Los recuerdos conducen a la comprensión y, con frecuencia, la comprensión lleva a la curación.

No es necesario padecer ninguna dolencia para experimentar los beneficios que aportan los ejercicios que contiene este libro. Por ejemplo, usted puede recuperar la felicidad, la alegría y la espontaneidad de la infancia. También puede visitar a sus seres queridos cuando eran más jóvenes o recordar vidas pasadas y ser consciente de que su alma, su verdadera esencia, es inmortal y eterna. Usted ha vivido con anterioridad y aquí está una vez más. En realidad, nunca morimos, como tampoco lo hacen nuestros seres queridos. Siempre volvemos a reencontrarnos, ya sea en el «otro lado», en el cielo, o en esta dimensión física.

Tanto si padece trastornos o miedos como si sólo siente curiosidad, obtendrá muchos beneficios con la práctica de los ejercicios de regresión que contiene el CD adjunto.

En cierto sentido, la frustración puede obstaculizar el proceso curativo y transformador. Intente no esperar resultados concretos cuando utilice el CD. Simplemente, acepte lo que reciba. No existe ningún plazo determinado ni se trata de ninguna carrera. Algunas personas tienen recuerdos vívidos o experiencias espirituales desde la primera sesión. Otras, en cambio, necesitan días, semanas o incluso meses para vivir esas experiencias.

Los beneficios son numerosos incluso sin la recuperación de recuerdos.

Sólo debe relajarse tanto como le sea posible

y abrir la mente a todo lo que entre en su consciencia.

Si practica los ejercicios con paciencia, con-
seguirá disfrutar de más alegría, comprensión y
paz interior en su vida.

Capítulo IV

Curar los miedos y las fobias

Muchas personas han practicado los ejercicios de regresión con los CD y las cintas que he grabado, y han revelado importantes recuerdos que revivieron durante el proceso. Los recuerdos productivos, en concreto los relacionados con las fobias, el dolor y otros trastornos que padecemos como legado de nuestras vidas anteriores, pueden curarnos.

Por ejemplo, cuando descubrimos que los dolores músculoesqueléticos crónicos que padecemos en la actualidad se originaron en vidas pasadas, estos síntomas pueden aliviarse con rapidez.

En una ocasión me escribió una mujer para decirme que los ejercicios de regresión le habían permitido recordar que murió ahorcada en una vida anterior. Tras realizar este descubrimiento, desapareció el dolor crónico que venía padeciendo en el cuello y que había intentado mitigar mediante varios tratamientos sin obtener resultado alguno. Un aspecto interesante de su experiencia es que fue ahorcada injustamente. En su vida actual, esta mujer es abogada defensora de los oprimidos y los maltratados, una luchadora en favor de los derechos humanos. Cuando recordó su vida anterior, comprendió su tendencia interior a luchar en favor de los más desfavorecidos.

He realizado regresiones a personas que padecían asma y que se curaron al recordar que, en una vida anterior, murieron debido a un incendio o por haber inhalado humo. También ayudé a un joven que superó su miedo a volar cuando descubrió que, en una vida pasada, fue el piloto de un avión que fue derribado por el enemigo durante la Segunda Guerra Mundial.

No todas las personas necesitan la terapia de la regresión. Sin embargo, aunque no recordemos sucesos de vidas pasadas, la mayoría de nosotros podemos beneficiarnos de la práctica de estos ejercicios. De hecho, más o menos un tercio de las personas que los ponen en práctica no rememoran acontecimientos de vidas pasadas de una forma inmediata. Sin embargo, las meditaciones ofrecen otros tipos de curación y beneficios. Por ejemplo, gracias a esta práctica, podemos descubrir el poder de la respiración consciente y nuestros músculos se relajan y se liberan de la tensión. Muchas personas me han escrito para decirme que la práctica regular de estos ejercicios las ha ayudado a controlar el estrés y el nerviosismo de la vida diaria. De una forma subconsciente, han aprendido a relajarse y liberarse del estrés. Cuando estas personas se enfrentan a situaciones tensas o estresantes a lo largo del día, respiran hondo y se relajan de una forma consciente. Esto les permite tranquilizarse y concentrarse.

Los médicos saben que el estrés y la ansiedad pueden deprimir el sistema inmunológico. Por lo tanto, alcanzar la paz interior por medio de estos ejercicios puede resultar muy beneficioso para la salud. Además, la paz interior permite que el amor fluya con más libertad y los médicos también saben que este hecho previene enfermedades. El sistema inmunológico de las personas enamoradas funciona a un nivel óptimo.

Aunque no consigan evocar recuerdos, las personas que padecen ansiedad o ataques de pánico pueden desarrollar un control consciente del cuerpo gracias a la práctica frecuente de estos ejercicios. Por ejemplo, pueden aprender a reducir el ritmo de la respiración y evitar la hiperventilación. Además, mediante el control de la respiración, de la tensión muscular e incluso de la presión arterial, en muchos casos resulta posible frenar esos ataques.

En una ocasión, traté a una mujer que sufría ataques de pánico cuando cruzaba los puentes. Aunque no logró descubrir el origen de su problema, desarrolló un control tal de la respiración y los músculos que consiguió evitar que los ataques se desencadenaran. Aprendió a percibir los primeros síntomas de un ataque inminente y logró acabar con las crisis antes incluso de que se desencadenaran.

Muchos pacientes que han sufrido un infarto o se hallan en riesgo de un accidente coronario acuden a mí, no en busca de una regresión, sino para aprender técnicas de relajación. Quieren controlar las situaciones que les producen hipertensión o estrés, sobre todo cuando los efectos secundarios desaconsejan la medicación. Muchas veces, las personas no son conscientes de que su respiración se acelera o se vuelve irregular, lo cual empeora los síntomas del estrés. Con la práctica de los ejercicios de regresión, estas personas son mucho más conscientes de su respiración y de otras señales corporales críticas, como el ritmo cardíaco, y aprenden a controlarlas. También he conocido muchos pacientes que, gracias a esta práctica, encontraron la motivación y la fuerza de voluntad para perder peso, dejar el alcohol y las drogas y también el tabaco. Otros, lograron vencer el insomnio. Lo esencial es que la práctica regular de estos ejercicios puede beneficiar en gran medida tanto el cuerpo como la mente.

Capítulo V

Transformar las relaciones

Mientras realiza los ejercicios de regresión quizá rememore, aunque no sea ésta su intención, sucesos de vidas pasadas. Por ejemplo, en una ocasión, un abogado acudió a mi consulta porque quería eliminar los trastornos que le causaba la hipertensión. Durante la entrevista, me contó los problemas que tenía con su único hijo. Me confesó que su relación se caracterizaba por la competencia y los celos mutuos. Gracias a los ejercicios de relajación y regresión, su presión arterial mejoró, pero, además, consiguió unos beneficios extra. Mientras utilizaba el CD de la regresión en su domicilio, surgió el recuerdo de una vida anterior que reveló las razones de la turbulenta relación con su hijo. En aquella vida, habían sido rivales que competían por el amor de la misma mujer. Esta información condujo a un cambio radical en el comportamiento de aquel hombre respecto a su hijo.

Y, aunque éste no realizó la terapia de la regresión, reaccionó de un modo positivo a los cambios. La competencia desapareció, pues ambos comprendieron que pertenecía al pasado. A partir de aquel momento, el amor fluyó de nuevo entre ellos.

La relajación profunda que se consigue con los ejercicios también puede liberar recuerdos subconscientes de la infancia y promover la sanación emocional. De hecho, los recuerdos felices están relacionados con vivencias de amor y nos ayudan a recuperar la confianza en nosotros mismos. En el libro *Los mensajes de los sabios* describo una regresión hipnótica que realicé a una locutora de la televisión. Ella rememoró con emoción los largos y felices paseos que realizaba con su padre por las calles de su ciudad natal. Eran momentos que compartieron ellos dos solos y la alegría de aquel recuerdo la acompañó incluso después de la sesión. En otra ocasión ayudé a una mujer que dudaba del amor de sus padres y se sentía afligida por la problemática relación que tenía con su madre. Durante una regresión revivió el momento de su nacimiento y sintió con fuerza el amor y la felicidad con que la recibió su madre. Aquel intenso recuerdo y la emoción que le provocó la llevaron a reconstruir una relación más estrecha y amorosa con sus padres. Podía cambiar el presente, y también el futuro, si modificaba su actitud y era más paciente, cariñosa y comprensiva con sus padres. Como respuesta a su nueva actitud, éstos también pudieron expresar su amor hacia ella de una forma más directa.

Los casos en que recuerdos como éstos han ayudado a reconciliar a padres con hijos, hermanos con hermanas y esposos con esposas son incontables. Sin embargo, aunque no surjan recuerdos concretos, la serenidad, la tolerancia y la comprensión que se consiguen con la práctica de estos ejercicios resultan beneficiosas para todas las relaciones.

Capítulo VI

Un cambio
de valores

Uno de los numerosos beneficios de la meditación y la regresión es un cambio de valores o de perspectiva que nos permite distinguir con más claridad entre lo que es importante y lo que es accesorio.

Este cambio de valores ocurre cuando descubrimos que somos inmortales, o sea, que no morimos cuando nuestro cuerpo lo hace. Cuando vivimos las regresiones a vidas pasadas, nos damos cuenta de que hemos vivido antes y que viviremos, de nuevo, junto a nuestros seres queridos. Cuando nos damos cuenta de que, a pesar de haber perdido el contacto con algunos miembros de nuestra familia y amigos, nos encontraremos de nuevo con ellos en el más allá o en otra vida, el sufrimiento y el duelo se transforman.

La certidumbre de que somos seres espirituales produce cambios profundos y nos permite valorar cualidades como el amor, las relaciones positivas y la compasión. Entonces percibimos con más claridad nuestra conexión con todos los demás seres. Estos nuevos valores constituyen la base de la felicidad. Nuestras prioridades cambian, de forma que percibimos los sucesos y las personas que antes nos trastornaban y exasperaban desde una nueva perspectiva. Nos convertimos en personas más pacientes y comprensivas, y las sensaciones de tranquilidad y paz interior se expanden. Los obstáculos de la vida se convierten en oportunidades para aprender, como peldaños en el camino de la evolución. Después de todo, somos eternos, seres espirituales que buscamos el camino a nuestro hogar; siempre amados y nunca solos. En este sentido, nada puede dañarnos.

Como he mencionado antes, aunque durante muchos años fui un escéptico, ahora creo en las vidas pasadas. Esta creencia es el producto de veintiún años de experiencia con miles de pacientes. He presenciado muchos fenómenos increíbles y extraordinarios. Sin embargo, considero que no es necesario creer en la reencarnación para obtener los beneficios de la terapia de la regresión. Aunque procesemos los recuerdos evocados como metáforas o símbolos, nuestra conciencia obtendrá una información importante. Además, el conocimiento y la intuición que adquirimos pueden conducirnos a una transformación física, emocional y espiritual significativas. Cuando despertamos a la dimensión espiritual, las fobias y los miedos desaparecen, nuestra escala de valores cambia, el amor fluye con más libertad, y la paz interior, que está íntimamente relacionada con un sentimiento de alegría y felicidad supremos, surge. Resulta importante no tener miedo, eliminar los prejuicios y mantener la mente abierta.

Capítulo VII

Apreciar
el presente

Otro de los objetivos de los ejercicios incluidos en este libro es sentir más paz, felicidad y alegría en la vida actual, o sea, disfrutar de la vida ahora.

La idea de vivir el presente de una forma más consciente a través de la recuperación de recuerdos puede parecer paradójica, pero es la verdad. Con la práctica de la meditación de la regresión descubriremos que somos más capaces de concentrarnos y apreciar el momento actual.

Por un lado, la meditación nos permite centrar la atención y su práctica regular desarrolla nuestra capacidad de concentración en lo que sentimos y percibimos.

Por otro lado, los recuerdos que la regresión trae a la superficie rompen los muros que nos impiden percibir el momento presente.

Entonces, ya no nos vemos obligados a darle vueltas al pasado o preocuparnos por el futuro.

Somos libres para existir en el presente, porque sólo en el presente podemos experimentar la felicidad.

Por ejemplo, pensemos en la mujer del capítulo cinco que tenía problemas de relación con su madre. Cuando los resentimientos respecto al pasado dejaron de cegarla, fue capaz de percibir el amor en el presente. Todos solemos darle vueltas al pasado y culparnos a nosotros mismos y a los demás por los errores cometidos. Sin embargo, esta dependencia del pasado nos impide disfrutar con plenitud de lo que nos ofrece el momento presente y, además, resulta inútil para resolver nuestros problemas. Gracias a los recuerdos que revivimos durante las regresiones, descubrimos un aspecto positivo del pasado: podemos aprender de él y adquirir sabiduría a partir de la experiencia para vivir mejor en la actualidad.

Lo mismo ocurre respecto al futuro. Del mismo modo que resulta inútil obsesionarnos con el pasado, preocuparnos por el futuro carece de sentido, ya que con esta actitud no cambiaremos lo que ha de ocurrir.

Es necesario planificar el futuro, pero obsesionarse con él constituye una pérdida de tiempo. De este modo, cuando nos liberamos del peso del pasado y de las preocupaciones acerca del futuro, podemos concentrarnos en el momento presente, en el aquí y el ahora.

Capítulo VIII

Terapia y ejercicios de regresión

Como es lógico, no es lo mismo utilizar el CD de la regresión que acudir a un psicoterapeuta que practique la terapia de la regresión a vidas pasadas. Sin embargo, también es cierto que no todo el mundo necesita ayuda profesional.

Si usted padece síntomas psicológicos graves o significativos, lo mejor es acudir a un terapeuta, ya que éste puede formularle preguntas durante la regresión y guiarle durante el proceso. El terapeuta puede interpretar e integrar en su experiencia los recuerdos, los sentimientos y las intuiciones que reciba durante la sesión y decidir un tratamiento, con lo cual es muy probable que usted experimente una mejoría. Durante los cursos de formación de profesionales, mi esposa Carole y yo enseñamos a los terapeutas a aplicar las técnicas de la regresión en su profesión. Hemos descubierto que los terapeutas con una buena formación y una capacidad práctica adquirida gracias a una cuidada experiencia son los mejor dotados para incorporar con éxito la terapia de la regresión en el ejercicio de su profesión. De hecho, los pacientes que dirigimos a su consulta se sienten seguros y reciben un tratamiento excelente.

Sin embargo, si usted padece síntomas de poca importancia o si sólo siente curiosidad, el CD de la regresión le resultará totalmente seguro y muy efectivo. Miles de personas han revivido recuerdos de su infancia temprana o de vidas pasadas mientras utilizaban el CD. Escucharlo no entraña ningún peligro, aunque no debe hacerlo mientras esté conduciendo. En determinadas ocasiones, es posible que alcance estados muy profundos y se duerma mientras escucha el CD. Para evitar este efecto, procure no escucharlo de noche o cuando esté cansado y hágalo sentado mejor que echado.

Con la práctica, las experiencias serán cada vez más vívidas y detalladas. Resulta importante tener paciencia.

Practique la meditación sin fijarse un programa ni tener expectativas; tarde o temprano obtendrá resultados.

A continuación, expongo un ejemplo de alguien que experimentó una notable mejoría después de escuchar el CD.

En una ocasión, traté a una mujer que sufría claustrofobia. Durante una regresión, recordó que en el antiguo Egipto había sido la sirviente de un hombre de la nobleza... y que la habían enterrado viva. El noble al que servía murió y, en aquella cultura, era costumbre enterrar a los difuntos con sus esclavos, sirvientes y tesoros para que pudieran disponer de ellos cuando llegaran al «otro mundo». ¡Los antiguos egipcios creían que podían llevarse todo esto con ellos! En aquella vida, la mujer murió por asfixia en la cámara mortuoria y aquel trauma era la causa de su miedo actual.

Aunque aquella mujer experimentó una gran emoción al recordar la escena y el pánico de la asfixia, sintió que podía dominar sus emociones y decidió experimentar de nuevo aquella vivencia. Recordar aquella vida y los sentimientos correspondientes le permitió comprender que su

miedo provenía del pasado y no estaba relacionado con el presente ni con el futuro. De este modo,
su fobia desapareció.

Recuerde que si algún recuerdo o experiencia que perciba mientras escucha el CD lo hace
sentirse incómodo, puede flotar por encima de la
escena y observarla desde la distancia, como si
viera una película. También puede abrir los ojos
y terminar la meditación en cualquier momento. Sepárese de las emociones. Mantenga siempre
el control de la situación.

Si, por el contrario, se siente cómodo durante la regresión, preste atención a todos los detalles, ya sean visuales o de otro tipo. Le sorpren-
derá lo que puede experimentar y aprender. Los
miedos y los trastornos que padece en la actualidad disminuirán de una forma espectacular y es
probable que perciba su verdadera naturaleza espiritual.

Capítulo IX

Relajación
e hipnosis

El estado de relajación placentera al que induce el CD adjunto se parece al estado de trance hipnótico ligero que producen las técnicas de relajación progresiva. De hecho, la hipnosis es un tipo de concentración en un estado de relajación, algo que todos experimentamos con frecuencia. Por ejemplo, cuando estamos absortos en la lectura de un libro o la proyección de una película y los sonidos cotidianos —como la charla o la tos de otras personas o el producido por el tráfico— no nos distraen, de hecho, nos encontramos en un estado de trance hipnótico ligero.

Sin embargo, la televisión y el cine han creado muchos mitos respecto a la hipnosis. En realidad, cualquier tipo de hipnosis es una autohipnosis. El hipnotizador no es más que un mediador que ayuda al hipnotizado a alcanzar un grado moderado o profundo de relajación. Los hipnotizadores que actúan delante de un público transforman la concentración relajada, que es una habilidad natural de las personas, en un espectáculo. Por lo tanto, aunque los términos hipnosis y concentración relajada signifiquen lo mismo, quizá sea preferible utilizar el segundo. En ese estado de concentración relajada, la memoria se agudiza y se pueden recordar situaciones o acontecimientos que se habían olvidado durante mucho tiempo. A veces, cuando se dispone de un conocimiento más amplio de la vida, se viven experiencias espirituales o intuitivas muy beneficiosas.

El estado de concentración relajada es completamente normal y, por lo tanto, no entraña ningún peligro. Siempre que lo desee, puede regresar al estado de conciencia plena. Es muy importante tener presente los aspectos siguientes:

1. Resulta imposible quedar atrapado en el estado hipnótico, pues sólo se trata de un tipo de concentración. Usted puede abrir los ojos y terminar el proceso en cualquier momento.
2. Usted siempre tiene el control.
3. Es imposible que haga algo en contra de su voluntad o sus principios.

4. Nunca dirá o hará algo en un estado de inconsciencia, pues la hipnosis no es como estar dormido. La persona hipnotizada es consciente en todo momento de sus pensamientos, y su subconsciente permanece activo y despierto.

5. La hipnosis es como soñar despierto, no como estar anestesiado.

Lo único que tiene que hacer es mantener una actitud receptiva y sin prejuicios. No tiene nada que temer o perder, y lo que obtendrá mejorará en gran medida la calidad de su vida.

SEGUNDA PARTE

Aclarar sus dudas

Capítulo X

Preguntas habituales

Esta sección contiene respuestas a algunas de las preguntas más frecuentes sobre la hipnosis, la regresión y la reencarnación. Las preocupaciones, las dudas y los miedos pueden impedir que algunas personas disfruten o experimenten de un modo total y absoluto la eficacia del CD de la regresión. Este capítulo le ayudará a eliminar esas posibles barreras y le permitirá comprender algunos de los fenómenos que tienen lugar durante la regresión.

P. ¿Los ejercicios de regresión siempre traen a la memoria recuerdos de vidas pasadas? ¿Es ésta la única manera de acceder a esos recuerdos?

R. Sin lugar a dudas, los ejercicios de regresión permiten acceder a recuerdos de vidas pasadas. Sin embargo, muchas otras técnicas de relajación y meditación permiten revivir esas experiencias.

También recordamos vidas pasadas durante el sueño, cuando tenemos una sensación de *déjà vu*, ya sea de una forma espontánea (como les ocurre a numerosos niños) o de muchas otras maneras. Por ejemplo, mi primer recuerdo de una vida pasada no tuvo lugar durante una terapia de regresión o de hipnosis, sino como consecuencia de un estado de relajación alcanzado durante una sesión de *shiatsu*, o digitopuntura. De repente, me vi a mí mismo de una forma muy vívida, mientras era sacerdote en la antigua Babilonia. Debo decir, para quienes se desanimen al no recordar vidas pasadas la primera vez que escuchen el CD, que antes de experimentar mi primera regresión transcurrieron tres meses durante los que medité a diario. Por lo tanto, cuanto más practique, más preparado y receptivo estará a esas experiencias.

Tenga presente que quizá no recuerde ninguna vida pasada. También es posible que recuerde alguna experiencia de su infancia que constituya el origen de sus problemas actuales. El subconsciente es sabio y le transportará al lugar adecuado para que se realice la curación.

P. ¿La realización, a solas, de los ejercicios de regresión entraña algún peligro?

R. Miles de pacientes, lectores y asistentes a mis talleres han realizado estos ejercicios sin experimentar ningún problema. El subconsciente nos protege, de una forma muy eficaz, de los sentimientos y las experiencias que nos producen sufrimiento. Por lo tanto, ninguna experiencia demasiado traumática entrará en su conciencia. Si en algún momento durante los ejercicios de regresión se siente incómodo, le aconsejo que se distancie de la escena y flote por encima de ella. Desde esa situación podrá presenciar los acontecimientos sin experimentar ninguna emoción.

También puede abrir los ojos y terminar la experiencia. Esta opción siempre está a su alcance. La única situación de peligro consiste en realizar los ejercicios mientras conduce o maneja maquinaria que requiera toda su atención.

P. ¿Es preciso alcanzar un grado profundo de concentración y relajación para revivir vidas pasadas?

R. No, incluso las personas que sólo consi-

guen alcanzar un grado moderado de relajación y concentración pueden experimentar los
beneficios de esta técnica.

P. *¿Cómo son los recuerdos que se reviven du-*
rante la regresión?

R. He descubierto que, en general, existen
dos formas de vivir y acceder a las experiencias
de vidas pasadas. La primera constituye el patrón
clásico. En ella, la persona sólo recuerda una vida
cada vez y la percibe de una forma completa y
detallada. Como si se tratara de una película, gran
parte de esa vida pasa frente a ella, o sea, empie-
za con el nacimiento o la infancia y continúa
hasta la muerte. Es posible que esa persona revi-
va la escena de la muerte de una forma indolora
y serena, y luego repase y analice aquella vida
con la iluminación y el beneficio de su sabiduría
actual o el de un guía espiritual o religioso.

La segunda forma de recordar una vida pasada es a través de lo que denomino «el flujo de
momentos clave». En este caso, el subconsciente
une los acontecimientos más importantes de dis-

tintas existencias o aquellos que están relacionados con el trauma oculto de la persona y que pueden sanarla de una forma rápida y efectiva.

*P. Si sólo recuerdo momentos breves de mis vidas
pasadas, ¿obtendré algún beneficio?*

R. Es probable que el recuerdo de esos momentos fugaces aumente su percepción intuitiva
de su vida actual y le permita aceptar la posibilidad de la supervivencia del alma, la reencarnación y otros conceptos similares.

*P. ¿Cómo puedo saber si las experiencias que re-
cuerdo son reales o si, por el contrario, son fantasías o
el resultado de mi imaginación?*

R. Determinar si lo que acude a nuestra mente constituye un símbolo, una metáfora, un recuerdo verdadero, si es el resultado de nuestra
imaginación o una mezcla de todas estas cosas no
es tan importante. Mi consejo es que se relaje y
deje que ocurra lo que tiene que ocurrir, sin pre-

juicios por su parte. Si permite que el lado racional de su cerebro domine la situación, quizás impida que surjan determinados recuerdos y pierda una valiosa oportunidad de evolucionar. Simplemente, viva la experiencia y deje que su sabiduría supraconsciente actúe. Más tarde podrá analizar las experiencias que haya vivido. Con la práctica, lo percibirá todo con más claridad y sabrá distinguir entre los recuerdos y las metáforas, los símbolos y la imaginación.

Muchas personas intentan confirmar sus recuerdos con pruebas. Algunas han encontrado su tumba de una vida anterior; otras han localizado archivos oficiales que respaldan los detalles de sus recuerdos. Uno de los casos más extraordinarios de la búsqueda de pruebas está relacionado con una mujer llamada Jenny Cockell. Cuando era niña, tenía recuerdos de una vida anterior reciente en Irlanda en la que murió cuando sus hijos todavía eran pequeños. Ahora, de adulta, decidió buscar a aquellos niños. Consiguió localizar a cinco de los ocho hijos que tuvo en aquella vida anterior. La confirmación de los recuerdos también se consigue con la intensidad de los sentimientos que los acompañan y la mejoría de los síntomas. La xenoglosia, la capacidad de hablar con fluidez un idioma que no se ha estudiado ni se conoce, es otra forma de confirmación.

P. ¿Por qué se utilizan las imágenes de la luz, la escalera y el jardín durante el proceso de regresión?

R. La imagen de la luz y su simbolismo se encuentra en todas las culturas y sociedades del planeta. Durante las experiencias cercanas a la muerte, cuando la consciencia se separa del cuerpo físico, a menudo aparece una luz esplendorosa. La luz transmite un sentimiento de paz y se asocia al conocimiento. Igual que los colores, la luz es una forma de energía. A mí me gusta utilizar la luz y los colores para inducir la regresión de un modo más profundo y como metáfora para abrir la mente y agudizar la percepción.

En cuanto a la escalera, al bajar por ella con lentitud se produce una concentración y una consciencia más profundas. El jardín simboliza, metafóricamente, un puerto seguro o un lugar donde nos sentimos a salvo y protegidos de cualquier peligro. Por esta razón, cuando alguien siente ansiedad o tensión, le recomiendo que respire de un modo profundo, se imagine a sí mismo inmerso en la luz y visualice el jardín de la seguridad y la serenidad.

P. ¿Qué ocurre si no consigo visualizar los símbolos que aparecen en el ejercicio?

R. Los otros sentidos también cuentan; no es necesario que la experiencia sea visual. Por ejemplo, durante el proceso, muchas personas explican que «sienten» o «comprenden» esos símbolos.

P. ¿Con qué frecuencia deben realizarse los ejercicios?

R. Cuantas más veces los realice, más experiencias podrá vivir y mayor profundidad podrá alcanzar. Lo ideal sería meditar todos los días, sobre todo porque resulta saludable para el cuerpo y la mente disfrutar de media hora de relajación y concentración en medio del tumulto y el estrés de la vida diaria. Sin embargo, aunque sólo medite de vez en cuando, no se dé por vencido y continúe realizando los ejercicios sin juzgarse ni sentirse culpable.

P. ¿Todo el mundo se reencarna?

R. La reencarnación ocurre porque tenemos que aprender lecciones sobre aspectos como el amor, la compasión, la caridad, la no violencia, la paz interior y la paciencia. Sería muy duro aprenderlas todas en una sola vida. Si su educación no ha terminado, volverá a nacer en otra vida. Es posible que podamos realizar ciertas elecciones, pero seguramente serán limitadas. Por ejemplo, si alguien ha aprendido todo sobre el amor, no tiene que volver; sin embargo, ciertas almas muy evolucionadas eligen reencarnarse de una forma voluntaria para ayudar y enseñar a los demás.

P. En la actualidad, hay más personas en la Tierra que nunca. ¿De dónde proceden las almas?

R. He formulado esta pregunta a muchos de

mis pacientes y la respuesta siempre es la misma: éste no es el único lugar donde las almas existen. Hay muchas dimensiones y grados distintos de consciencia en los que viven las almas. ¿Por qué habríamos de pensar que las almas sólo pueden existir en este planeta? Después de todo, la energía no tiene límites. La Tierra es sólo una de las muchas escuelas del universo. Además, algunos pacientes me han contado que las almas pueden dividirse y tener experiencias simultáneas.

P. *En* Muchas vidas, muchos maestros, *Catherine recuerda una vida que ocurrió en el año 1863 a. de C. ¿Cómo podía saber que era a. de C. si, en aquella época, ni siquiera existía este concepto?*

R. En *A través del tiempo,* explico el proceso del hipnotismo con más detalle:

La mente consciente siempre sabe lo que uno experimenta mientras está hipnotizado. Pese al profundo contacto subconsciente, la mente puede comentar, criticar y censurar. [...] Durante la hipnosis, algunas personas contemplan el pasado como si estuvieran mirando una película. [...] Durante la hipnosis, la mente está siempre despierta y observando. Por este motivo, al estar profundamente hipnotizados e inmersos activamente en una secuencia de recuerdos infantiles o de una vida anterior, podemos responder a las preguntas del terapeuta, hablar en el idioma que utilizamos habitualmente, conocer los sitios geográficos que vemos e incluso saber en qué año nos encontramos, ya que suele aparecer ante la vista interior o presentarse en la mente sin más. La mente hipnotizada, que siempre retiene una noción y un conocimiento del presente, pone en contexto los recuerdos de la infancia o de las vidas pasadas. Si aparece el año 1900 y nos vemos construyendo una pirámide en el antiguo Egipto, sabemos que es el año 1900 a. de C., aunque no veamos esas letras.

P. *¿La terapia de la regresión a vidas pasadas es contraproducente cuando se están siguiendo otras técnicas psicoterapéuticas?*

R. La terapia de la regresión se parece mucho a la psicoterapia y el psicoanálisis tradicionales. Cuando los sucesos traumáticos afloran, se interpretan y se asimilan, en general se produce una mejoría clínica. La diferencia principal es que la terapia de la regresión amplía el campo de acción. De este modo los recuerdos no procederán sólo de la vida actual, sino que pueden corresponder, también, a vidas anteriores.

P. *¿Los animales tienen alma? ¿También se reencarnan?*

R. Estoy convencido de que los animales tienen alma. Al menos, esta idea ha aparecido de vez en cuando en mi trabajo. Sin embargo, no estoy seguro de que sus almas sean tan individuales como las nuestras. Es posible que para ellos tenga más relevancia el alma grupal. Aunque tampoco estoy seguro de que los animales se reencarnen, estoy abierto a esta posibilidad. Con frecuencia, las personas que han estado en el «otro lado» manifiestan que han sentido a su mascota u otro animal querido. Tampoco tengo la certeza de que las personas se reencarnen en animales o plantas. Quizá lo hagan, pero el recuerdo de esos estados no se retiene en la memoria.

P. ¿Es posible trasladarse a vidas futuras?

R. Es posible trasladarse al futuro, y algunas personas lo hacen de forma espontánea, pero yo no busco ese espacio temporal por varias razones. En primer lugar, porque al parecer existen futuros posibles y futuros probables, y pueden producirse alteraciones por el hecho de visitar esos estados. Además, quizá tomemos decisiones que no tendríamos por qué tomar. Sin lugar a dudas, se requiere un alto grado de madurez para viajar al futuro.

En mi opinión, tanto el destino como la capacidad de elección existen e interactúan entre ellos. Cuando efectuamos una elección, el futuro cambia y los futuros posibles y probables también se modifican. Pero si bien es cierto que aprendemos gracias a la libre elección, no podemos descartar el papel que el destino juega en nuestras vidas.

P. ¿El relato de una vida pasada realizado por un vidente es tan valioso como la experiencia personal de una regresión?

R. Aunque la información aportada por un vidente resulta interesante y a veces instructiva, en general, no elimina los síntomas del paciente. Para resolver nuestros problemas debemos revivir personalmente el recuerdo y las emociones que lo acompañan. La experiencia personal del recuerdo a través de la regresión es mucho más rica, profunda y directa. Además, contiene cierta sensación de *déjà vu* que una simple lectura del vidente nunca podrá proporcionar.

Capítulo XI

En los espejos del tiempo

Somos más, mucho más que nuestro
cuerpo o nuestra mente. Somos seres hermosos,
inmortales, eternos y llenos de amor y luz.

Brian Weiss

L a búsqueda de la felicidad es un común denominador en los seres humanos. Guiados por este deseo, creamos nuevas tecnologías y perfeccionamos las técnicas existentes hasta alcanzar grados extraordinarios de sofisticación en el consumo de bienes. Sin embargo, pese a la increíble ampulosidad de nuestra sociedad, creo que existe un descontento generalizado en el ámbito individual. Tener más, ganar más, necesitar más y ser mejores, más famosos, más brillantes y tener más éxito que los demás son sólo intentos superficiales de lograr la felicidad. Estas diferencias sociales crean un abismo, cada vez más profundo, entre las personas. Además, nuestra sociedad está amenazando gravemente el planeta y envenenando con rapidez el medio ambiente.

Al mismo tiempo, se está produciendo una revolución espiritual. En mi opinión, las personas que leen mis libros, asisten a mis conferencias o me escriben aspiran a mucho más que, simplemente, resolver sus problemas físicos y emocionales. Buscan un camino para aportar a su vida más significado, plenitud y alegría y trascender lo mundano. Para mí, la esencia de la felicidad es la paz interior. Esta paz sólo se consigue cuando reconocemos nuestra naturaleza fundamental, que es el amor incondicional; el amor que se expresa con libertad y no pide nada a cambio.

Esto es lo que hemos venido a aprender en la escuela de la vida, y necesitamos muchas vidas para acumular esta sabiduría. El aprendizaje no es fácil y el proceso requiere mucho tiempo. Los avances son, a menudo, imperceptibles y es fácil que nos sintamos desanimados por nuestros propios fallos.

Sin embargo, vale la pena invertir en este camino de amor porque es un camino de paz y felicidad. No se preocupe por el ritmo al que progresa ni se juzgue cuando cometa errores. Este camino es único para cada uno de nosotros y tenemos mucho que aprender durante su recorrido. En esta escuela, disponemos de un cuerpo físico y aprendemos a través de las emociones y las relaciones. A medida que avanzamos por el camino de la espiritualidad, nos convertimos en personas más tolerantes, comprensivas y abiertas al amor.

Quiero ofrecerle mi apoyo y mi ánimo, y ser, para usted un compañero en este camino. Sea tenaz, paciente y abierto. El viaje es, sin duda alguna, tan importante como el punto de llegada.

Apéndice

Regresión: Transcripción del CD

[Nota del editor: Hemos incluido el texto del CD
para el caso de que el lector desee leerlo mientras escucha,
o consultarlo en otro momento.]

Comience por concentrarse en su respiración..., adentrándose en ella... Con cada respiración, intérnese más y más... Profundice en un estado sereno, relajado y hermoso. Vaya sumiéndose cada vez más hondo en ese estado... Concéntrese en su respiración... Esta manera especial de respirar se llama respiración yoga. Es una técnica antigua... Vaya cada vez más hondo con cada respiración...

Mientras hace esto, relaje todos sus músculos y sienta cómo va más y más hondo... Relaje sus músculos faciales y su mandíbula... Una gran cantidad de tensión está almacenada en esta área... Relaje todos los músculos de su cuello... Esta área almacena mucha ansiedad y tensión. Muchas personas sufren de dolores de cabeza derivados de malestar en el cuello porque mantienen, usualmente, fuertes niveles de tensión en sus cuellos. Relaje completamente esos músculos...

Relaje, ahora, los músculos de sus hombros. Deje que se sientan livianos, sueltos..., totalmente relajados. Hay personas que caminan como si estuvieran cargando sobre sus hombros todo el peso del mundo. Ellas mantienen gran tensión y rigidez en esos músculos...

Relaje, ahora, los músculos de sus brazos y de su espalda... Tanto los de la parte superior como los de la parte inferior de su espalda... Relájelos completamente... Relaje los músculos de su estómago de manera que su respiración se mantenga agradablemente relajada..., profunda... y pareja...

Y, por último, relaje los músculos de sus piernas... Relaje, ahora, completamente, los músculos de todo su cuerpo..., soltándose..., profundizando..., relajándose totalmente... Sienta cómo usted va cada vez más hondo...

A continuación, visualice una hermosa luz que

se acerca desde arriba a la parte superior de su cabeza. Penetra, ahora, en su cabeza y comienza a esparcirse por todo su cuerpo. De arriba hacia abajo... Penetra en su cerebro y en su sistema nervioso y todo lo que penetra comienza a relucir, cálidamente, con la luz. Escoja usted el color o los colores de la luz... Ésta es una luz poderosa, curativa y relajante... Está conectada con la luz que está sobre usted y que lo rodea... Y fluye hacia abajo por entre los músculos profundos y los huesos de su cara..., por su mandíbula, por la parte posterior de su cabeza..., a medida que usted va más y más hondo..., y fluye dentro de su cuello relajando todos los músculos y nervios que allí se encuentran... Al pasar por su garganta, suaviza el interior de su garganta. Usted continúa hacia el interior...

Y la luz baja por sus hombros y por sus brazos. Va curando y relajando cada músculo, cada nervio, cada fibra y cada célula de su cuerpo alcanzando sus manos y sus dedos mientras usted se interna más y más adentro...

Fluye desde sus hombros, por su espalda, aliviando y relajando todos esos grandes músculos y nervios... y también la médula espinal, que se encuentra en esta región...

Y fluye por su pecho, llenando los pulmones. Éstos resplandecen hermosamente con la luz..., sanando... y llena su corazón, aliviando su corazón, liberando la maravillosa energía que está almacenada en su corazón... Y su corazón gentilmente bombea luz a través de cada una de las venas de su cuerpo, de tal manera que puede llegar hasta el último rincón, y lo ayuda a sentirse tan apacible, tan profundamente relajado, tan sereno, tan calmado...

Concéntrese en mi voz dejando que cualquier otro sonido o distracción únicamente le ayude a profundizar más su nivel a medida que se desvanezca...

La luz ingresa en su estómago y abdomen..., llenando todos los órganos abdominales y aliviándolos..., relajando los nervios, los músculos de su estómago y abdomen...

La luz pasa por sus caderas... y continúa bajando,

y baja por ambas piernas. Esta luz hermosa, relajante, curativa y profunda... va llenando cada célula, cada fibra de su cuerpo. Va llenándola de una hermosa calma. Va eliminando toda enfermedad y restaurando cada tejido, cada célula, cada órgano a su estado normal y saludable...

Y la luz alcanza ya sus pies y las puntas de sus dedos, llenando su cuerpo. Y usted se siente tan apacible, tan relajado, tan profundamente sereno... Déjese ganar aún mayor profundidad...

Visualice, imagine, ahora, la luz rodeando completamente también la parte exterior de su cuerpo. Como si usted se encontrara en una burbuja o en un halo de luz. Y esto lo protege. Ningún daño puede alcanzarlo a través de esta luz. Únicamente pueden llegar la bondad y la energía positiva y amorosa...

Y la luz alivia su piel y los músculos exteriores y profundiza aún más su nivel...

En unos pocos instantes voy a contar hacia atrás desde diez hasta uno. Con cada número que retroceda, déjese sumir más y más profundamente. Tan profundamente que, para cuando yo llegue a uno, usted se encontrará en un estado de profunda paz, relajación y tranquilidad. Tan profundamente que su mente no estará ya limitada por las barreras usuales de espacio y tiempo. Tan profundamente que usted podrá recordar todo, cualquier experiencia que haya tenido, no importa cuándo... Tan profundamente, que usted podrá experimentar todos los niveles de su ser multidimensional...

Diez..., nueve..., ocho..., usted va más y más profundo con cada número que retrocedo..., siete..., seis..., cinco..., hondo, más hondo, más hondo..., cuatro..., tres..., tan profundo, tan apacible, tan relajado y calmado..., dos..., ya casi llegamos..., uno..., bien.

En este maravilloso estado de paz y relajación, imagínese a sí mismo, visualícese bajando por una hermosa escalera..., bajando..., bajando..., cada vez más hondo..., aumentando con cada paso la profundidad de su nivel...

Y cuando alcanza el final de las escaleras, encuentra frente a usted un magnífico jardín. Un jardín lleno de paz y seguridad, de serenidad y tranquilidad... Intérnese en el jardín... Es un lugar lleno de hermosas flores, plantas, árboles, prados, puentes, bancos y lugares para descansar... Encuentre un lugar para descansar, recuéstese y deje que su cuerpo se suelte completamente mientras continúa sanando, pleno de hermosa luz. Su cuerpo se refrescará, se relajará, se recuperará y rejuvenecerá. Más tarde, cuando usted despierte, usted se sentirá maravillosamente, se sentirá lleno de maravillosa energía. Inclusive aunque esté totalmente despierto y alerta y en pleno control de su cuerpo y su mente, usted se siente muy bien, tan relajado y tan apacible. Los niveles más profundos de su mente pueden abrirse. Usted puede recordarlo todo...

Retrocedamos en el tiempo...Vayamos a su niñez mientras usted se mantiene profundamente relajado, calmado y apacible... Deje que su mente más profunda elija un recuerdo de infancia. Si lo desea, usted puede mantenerlo como un recuerdo grato..., pero usted es libre de elegir. Si, en cualquier momento, se siente incómodo, solamente imagine que está de regreso en el jardín, descansando... Usted siempre está en control de la situación... Si usted lo desea, puede, simplemente, flotar sobre la escena. Mirándola como si estuviera distante... O usted puede participar en ella, sentirla y verla vívidamente con colores y detalles, con emociones y sentimientos. Usted elige. Retorne a su infancia. Elija un recuerdo. Puede tratarse de algo acerca de lo cual usted no haya pensado o que no haya recordado desde hace mucho, mucho tiempo...

Permanezca algunos momentos allí..., recordando intensamente, viendo, sintiendo, utilizando todos sus sentidos...

Vamos, ahora, un poco más hacia atrás, a una edad más temprana, cuando usted era un niño o un bebé, y elija otro recuerdo. Tráigalo también a su mente con intensidad, utilizando todos sus sentidos. Incorpore la visión, el sonido, el tacto, el sabor, el olor. ¡Dedíquese a estar allí! Experiméntelo. Recuerde que, si lo desea, puede flotar en cualquier momento sobre la escena o, si se siente incómodo, puede regresar al jardín...

No se preocupe por saber si se trata de su imaginación, de fantasía o de recuerdos reales. Todo esto brota de su mente. Y todo esto es importante. Todo esto surge de usted y puede ser una combinación de todas las cosas que he nombrado anteriormente. Esto es para experimentarlo... Esto es importante como experiencia. Bríndese la oportunidad de experimentarlo... Manténgase en un estado profundo y experimente estas memorias...

No existe límite para su memoria. Usted puede ir tan lejos como quiera... En esta vida, puede regresar a su infancia, a su nacimiento e, inclusive, si quiere puede regresar al útero... No hay límite, y usted puede recordarlo todo...

Si usted quiere ir más allá..., podemos hacerlo ahora...

Imagínese, ahora, que está nuevamente en el jardín..., y que frente a usted hay un espejo enorme y hermoso..., repleto de luz. Al mirar en ese espejo, usted ve las imágenes de muchos otros espejos. Y en el reflejo de cada uno de esos espejos, usted se encuentra en un espacio y un tiempo diferente..., tal vez en un espacio o una dimensión distintos..., o quizás en otra vida. Si usted lo desea, usted puede regresar a esas épocas y esos lugares y recordarlos...

A medida que yo cuente hacia atrás, desde cinco hasta uno, sienta que lo van atrayendo, que lo van jalando hacia uno de esos espejos, hacia uno de esos reflejos. Al recorrer esos espejos usted puede verse en muchos, muchos lugares y tiempos diferentes y vestido de diferente manera. Usted puede verse muy diferente. Usted será atraído, jalado por uno de esos espejos hacia una de esas épocas. Tal vez se trate de una que le ayude a explicar o entender algún problema, un síntoma, un talento, una relación, un hábito, un conocimiento especial..., lo que sea. Siéntase atraído, llevado hacia uno o hacia varios de esos reflejos. Y a medida que yo cuente hacia atrás de cinco hasta uno, entre en el espejo elegido. De nuevo, si usted se siente de algún modo incómodo, simplemente, dedíquese a flotar y mirar los eventos como si estuviera mirando una película. Pero, si quiere, usted también puede estar dentro de ella,

profundizando intensamente en la experiencia...
A medida que cuente hacia atrás, vaya a los espejos y hacia el reflejo que le llama para ayudarle a entender y para que, entendiendo mejor, pueda remover las trabas, los obstáculos, y ganar su paz, su alegría y su felicidad interiores...

Cinco..., cuatro..., tres..., va hacia el espejo..., se siente atraído..., dos..., ya casi llega..., uno... ¡Está ahí!

Si usted tiene cuerpo, mire hacia abajo, hacia sus pies y mire qué lleva puesto en los pies, si se trata de zapatos o de sandalias o de pieles o tal vez no lleve nada puesto. Y vaya mirando su cuerpo de abajo hacia arriba. Vea sus manos, su tamaño, color... Y mire a su alrededor, la topografía, los accidentes geográficos... ¿Hay edificios? ¿Hay personas? Encuéntrelo usted mismo... Deje que una fecha se insinúe en su mente. ¿Dónde está usted?

Usted puede moverse hacia delante o hacia atrás en el tiempo... Vaya a los eventos más importantes. Demórese todo el tiempo que necesite... y encuentre las respuestas...

Si usted lo desea, puede avanzar o retroceder en el tiempo para averiguar qué sucede, qué pasa con usted. ¿Hay algún trauma? ¿Hay alguna escena de muerte? Si usted no desea ver esto, experimentar esto, entonces no lo haga. Simplemente, flote sobre la escena. Si se siente atraído por más de una época, entonces puede, también, ir a ella. Puede viajar. Usted puede ver más de una vida. Pero si prefiere demorarse y examinar una de ellas con más detalle, está bien… Tómese todo el tiempo que necesite…

Ponga atención a los detalles, a los vestidos, a la apariencia… Usted será capaz de recordarlo todo…

Pronto será tiempo de regresar… Imagine que usted está terminando y regresando de ese tiempo o de esos tiempos… y que va a regresar al jardín. Su cuerpo ha estado descansando, refrescándose y sanando…

Y ahora es tiempo de despertar… Lo despertaré contando en forma ascendente desde uno hasta diez. Cuando yo diga diez, usted podrá abrir los ojos. Estará despierto y alerta y gozará del pleno control de su cuerpo y de su mente. Sintiéndose maravillosamente bien, refrescado, relajado, repleto de esa hermosa energía. Sintiéndose fantásticamente bien.

Uno..., dos..., tres..., más y más despierto y alerta, sintiéndose magníficamente..., cuatro..., cinco..., seis..., más y más despierto, sintiéndose maravilloso..., siete..., ocho..., nueve..., diez.

Acerca del autor

El doctor Brian L. Weiss dispone de un consultorio privado en Miami, Florida. Con él colaboran psicólogos y asistentes sociales altamente cualificados y experimentados que también utilizan la terapia de la regresión y las técnicas de la psicoterapia espiritual en su trabajo. Además, el doctor Weiss dirige seminarios y talleres experimentales de ámbito nacional e internacional y programas de formación para profesionales.

Otras cintas y CD sobre meditación y regresión están disponibles en The Weiss Institute. Para más información, póngase en contacto con:

THE WEISS INSTITUTE

6701 Sunset Drive, Suite 201 – Miami, FL 33143

Teléfono: (305) 661-6610

Fax: (305) 661-5311

Dirección e-mail: *in2healing@aol.com*

www.brianweiss.com